AF221999

Impressum
Verlag: BABADADA GmbH, Nedderfeld 112 , 22529 Hamburg
Geschäftsführer / Verlagsleitung: Harald Hof
Druck: Books on Demand GmbH, In de Tarpen 42, 22848 Norderstedt

Imprint
Publisher: BABADADA GmbH, Nedderfeld 112 , 22529 Hamburg, Germany
Managing Director / Publishing direction: Harald Hof
Print: Books on Demand GmbH, In de Tarpen 42, 22848 Norderstedt, Germany

# училище

# escuela

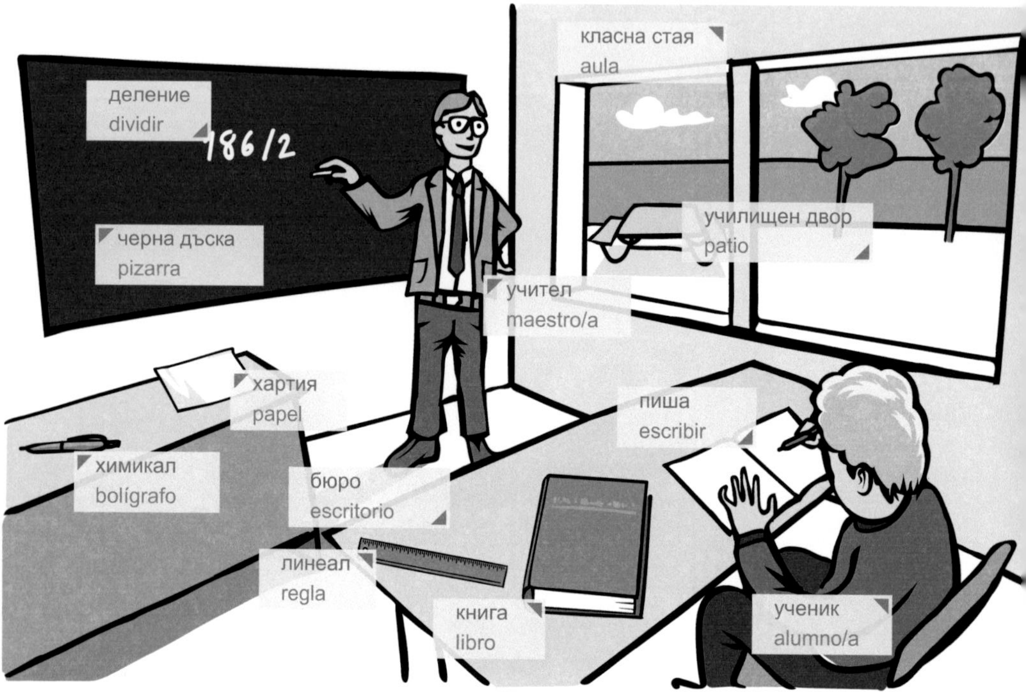

класна стая
aula
деление
dividir
186/2
черна дъска
pizarra
училищен двор
patio
учител
maestro/a
хартия
papel
пиша
escribir
химикал
bolígrafo
бюро
escritorio
линеал
regla
книга
libro
ученик
alumno/a


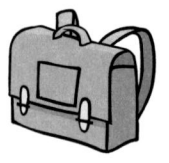

ученическа раница

cartera

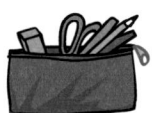

ученически несесер

caja de lápices

молив

lápiz

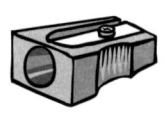

острилка за моливи

sacapuntas

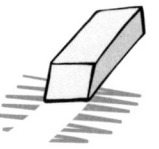

гума

goma de borrar

блок за рисуване

cuaderno de dibujo

рисунка

dibujo

четка

pincel

акварелни бои

caja de pinturas

ножица

tijeras

лепило

pegamento

тетрадка за упражнения

cuaderno de ejercicios

домашна работа

deberes

число

número

събиране

sumar

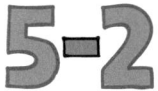

изваждане

restar

умножение

multiplicar

смятане

calcular

буква

letra

азбука

alfabeto

дума

palabra

текст

texto

чета

leer

тебешир

tiza

час

lección

дневник на класа

cuaderno de notas

изпит

examen

свидетелство

certificado

ученическа униформа

uniforme escolar

образование

educación

справочник

enciclopedia

университет

universidad

микроскоп

microscopio

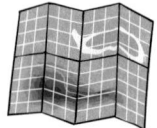

карта

mapa

кошче за хартиени отпадъци

papelera

# пътуване
## viaje

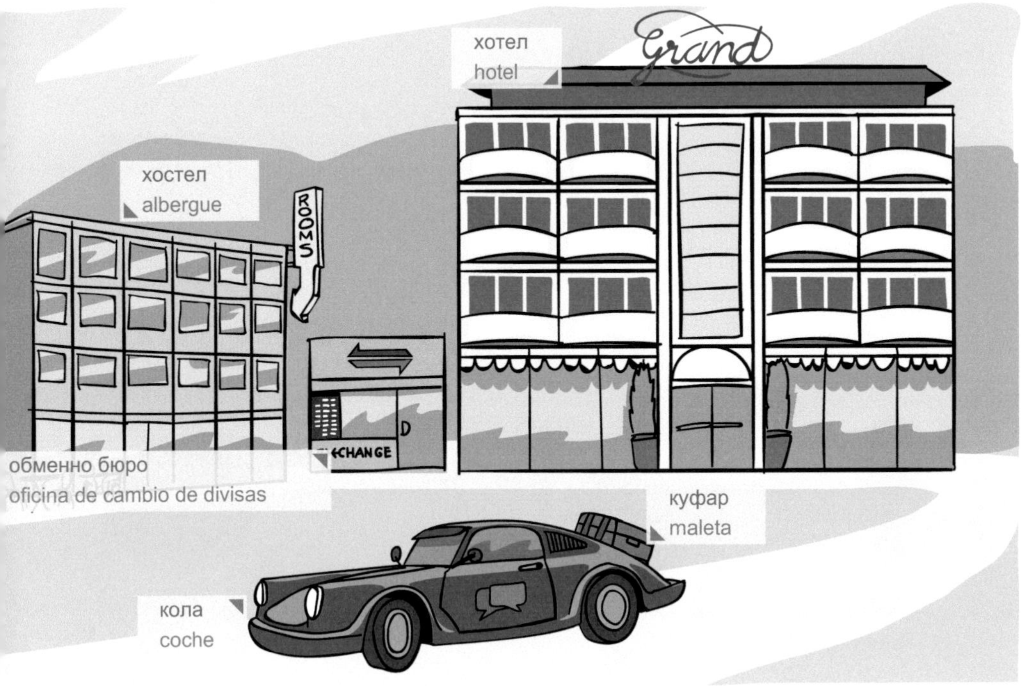
Grand
хотел
hotel
хостел
albergue
ROOMS
EXCHANGE
обменно бюро
oficina de cambio de divisas
куфар
maleta
кола
coche

език

idioma

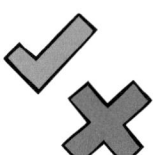

да / не

sí / no

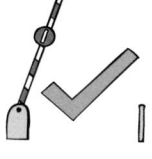

Окей

Vale

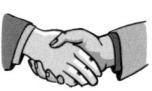

здравей

hola

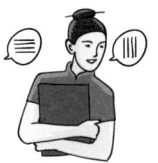

преводач

traductor

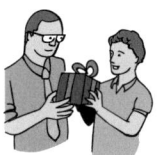

Благодаря

Gracias

Колко струва…?

¿cuánto es…?

Не разбирам

No entiendo

проблем

problema

Добър вечер!

¡Buenas tardes!

Добро утро!

¡Buenos días!

Лека нощ!

¡Buenas noches!

довиждане

adiós

посока

dirección

багаж

equipaje

пътна чанта

bolsa

раница

mochila

посетител

invitado

стая

habitación

спален чувал

saco de dormir

палатка

tienda de campaña

туристическа информация

información turística

плаж

playa

кредитна карта

tarjeta de crédito

закуска

desayuno

обед

almuerzo

вечеря

cena

билет

billete

асансьор

ascensor

пощенска марка

sello

граница

frontera

митница

aduana

посолство

embajada

виза

visa

паспорт

pasaporte

# транспорт

# transporte

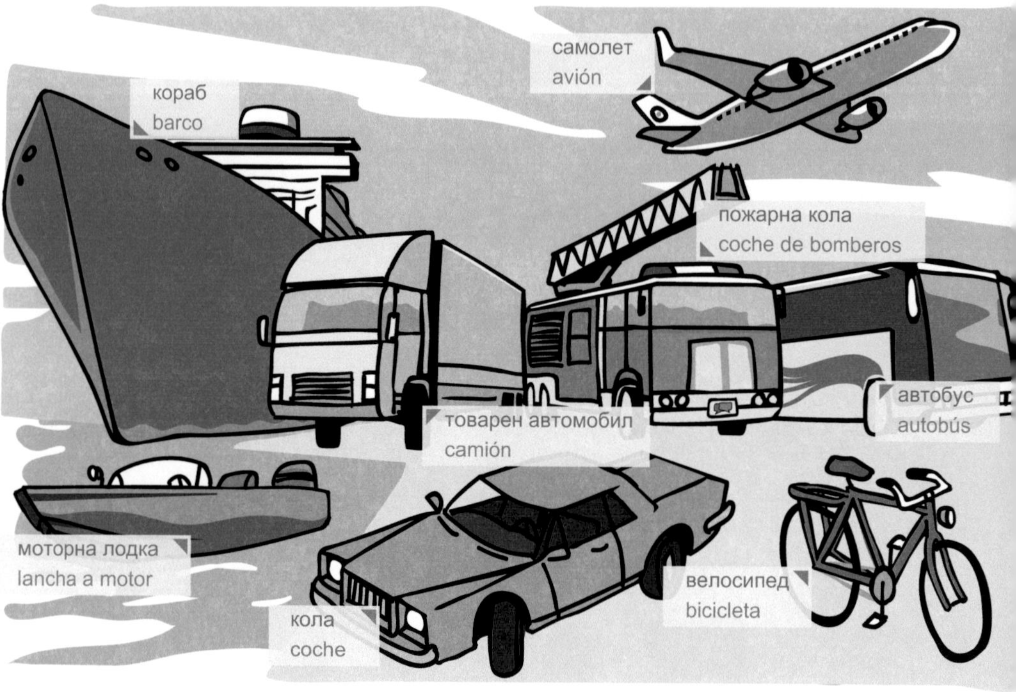
самолет
avión
кораб
barco
пожарна кола
coche de bomberos
автобус
autobús
товарен автомобил
camión
моторна лодка
lancha a motor
велосипед
bicicleta
кола
coche

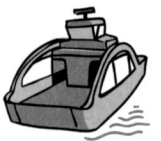

фериботе

transbordador

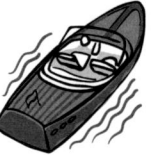

лодка

barca

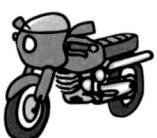

мотоциклет

moto

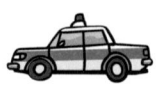

полицейска кола

coche de policía

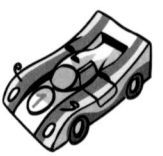

състезателна кола

coche de carreras

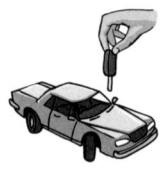

кола под наем

coche de alquiler

каршеринг

préstamo de vehículos

автомобил от "Пътна помощ"

grúa

сметовоз

camión de la basura

двигател

motor

бензин

gasolina

бензиностанция

gasolinera

пътен знак

señal de tráfico

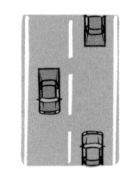

улично движение

tráfico

задръстване

atasco

паркинг

aparcamiento

гара

estación de tren

релси

vías

влак

tren

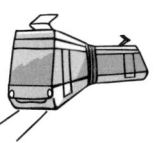

трамвай

tranvía

вагон

vagón

хеликоптер

helicóptero

аерогара

aeropuerto

кула

torre

пасажер

pasajero

контейнер

contenedor

кашон

caja de cartón

ръчна количка

carretilla

кошница

cesta

излитам / приземявам се

despegar / aterrizar

## град
## ciudad

село

pueblo

градски център

centro de ciudad

къща

casa

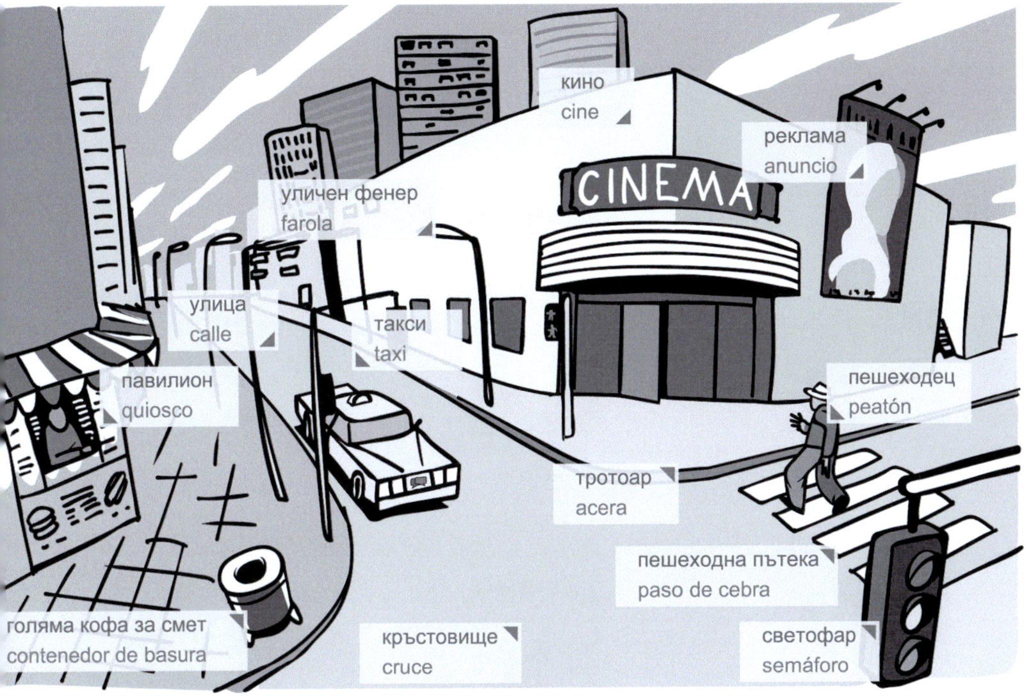

кино
cine
реклама
anuncio
CINEMA
уличен фенер
farola
улица
calle
такси
taxi
павилион
quiosco
пешеходец
peatón
тротоар
acera
пешеходна пътека
paso de cebra
голяма кофа за смет
contenedor de basura
кръстовище
cruce
светофар
semáforo

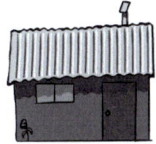

хижа
cabaña

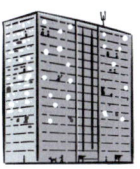

жилище
apartamento

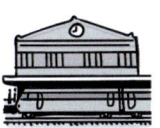

гара
estación de tren

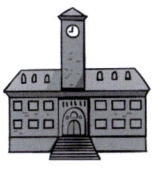

кметство
ayuntamiento

MUSEUM

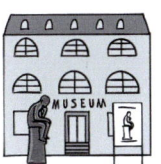

музей
museo

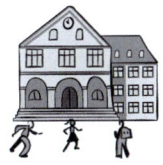

училище
escuela

университет

universidad

банка

banco

болница

hospital

хотел

hotel

аптека

farmacia

офис

oficina

книжарница

librería

магазин за цветя

tienda

магазин за цветя

floristería

супермаркет

supermercado

пазар

mercado

универсален магазин

grandes almacenes

търговец на риба

pescadería

търговски център

centro comercial

пристанище

puerto

парк

parque

пейка

banco

мост

puente

стълба

escaleras

метро

metro

тунел

túnel

автобусна спирка

parada de autobús

бар

bar

ресторант

restaurante

пощенска кутия

buzón

улична табелка

poste indicador

часовник за паркинг
престой

parquímetro

зоологическа градина

zoo

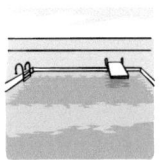

плувен басейн

piscina

джамия

mezquita

селски двор

granja

замърсяване на околната среда

contaminación

гробище

cementerio

църква

iglesia

детска площадка

patio de juego

храм

templo

## пейзаж
## paisaje

листо
hoja

пътепоказател
señal

път
camino

ливада
prado

камък
piedra

дърво
árbol

пътешественик
excursionista

река
río

трева
hierba

цвете
flor

долина

valle

планина

colina

море

lago

гора

bosque

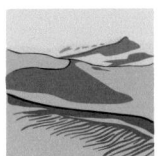

пустиня

desierto

вулкан

volcán

замък

castillo

дъга

arcoíris

гъба

champiñón

палма

palmera

комар

mosquito

муха

mosca

мравка

hormiga

пчела

abeja

паяк

araña

бръмбар

escarabajo

жаба

rana

катеричка

ardilla

таралеж

erizo

заек

liebre

кукумявка

lechuza

птица

pájaro

лебед

cisne

диво прасе

jabalí

елен

ciervo

лос

alce

бент

presa

вятърна турбина

turbina eólica

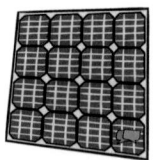

соларен модул

panel solar

климат

clima

# ресторант
## restaurante

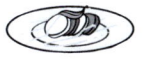

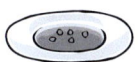

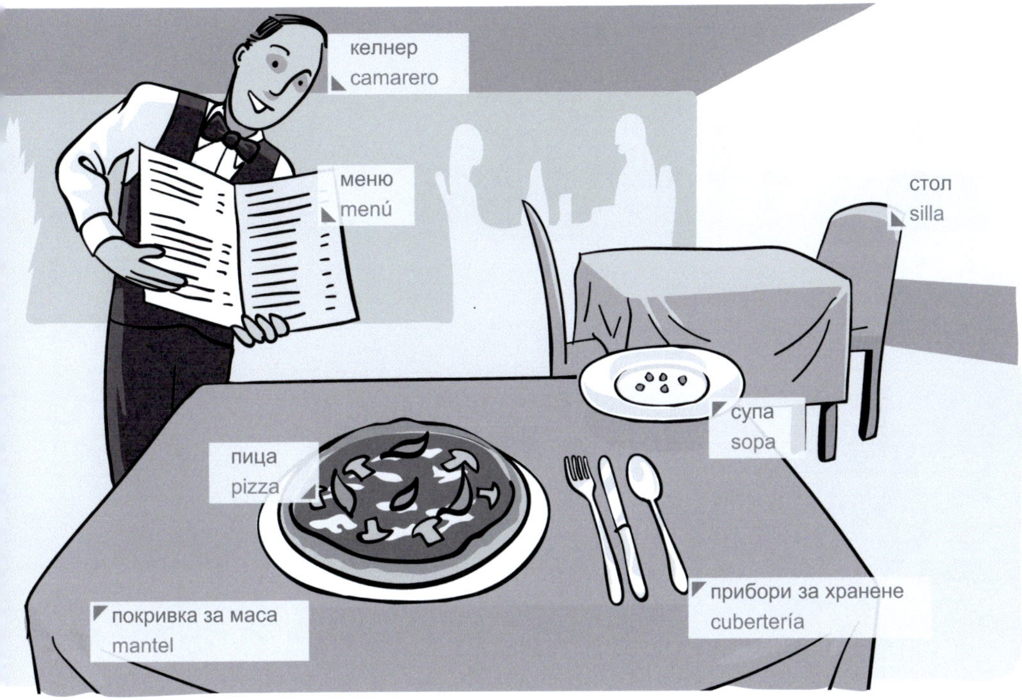
келнер
camarero
меню
menú
стол
silla
супа
sopa
пица
pizza
прибори за хранене
cubertería
покривка за маса
mantel

предястие

primer plato

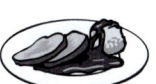

основно ястие

plato principal

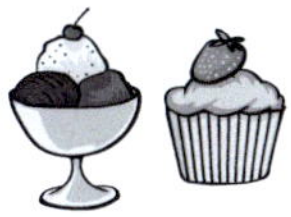

десерт

postre

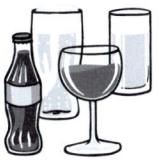

напитки

bebidas

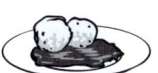

ядене

comida

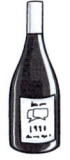

бутилка

botella

бързо хранене

comida rápida

улична храна

comida callejera

кана за чай

tetera

кутия за захар

azucarero

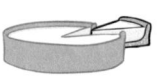

порция

porción

еспресо машина

cafetera expreso

висок детски стол

trona

сметка

cuenta

табла

bandeja

ножица за нокти

cuchillo

вилица

tenedor

лъжица

cuchara

чаена лъжичка

cucharilla

салфетка

servilleta

стъклена чаша

vaso

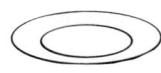

чиния

plato

чиния за супа

plato hondo

чинийка

platillo

сос

salsa

солница

salero

мелничка за черен пипер

molinillo de pimienta

оцет

vinagre

олио

aceite

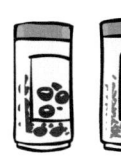

подправки

especias

кетчуп

ketchup

горчица

mostaza

майонеза

mayonesa

# супермаркет
# supermercado

оферта
oferta especial
FOR
клиент
cliente
млечни продукти
lácteos
плодове
fruta
количка за покупки
carro de la compra

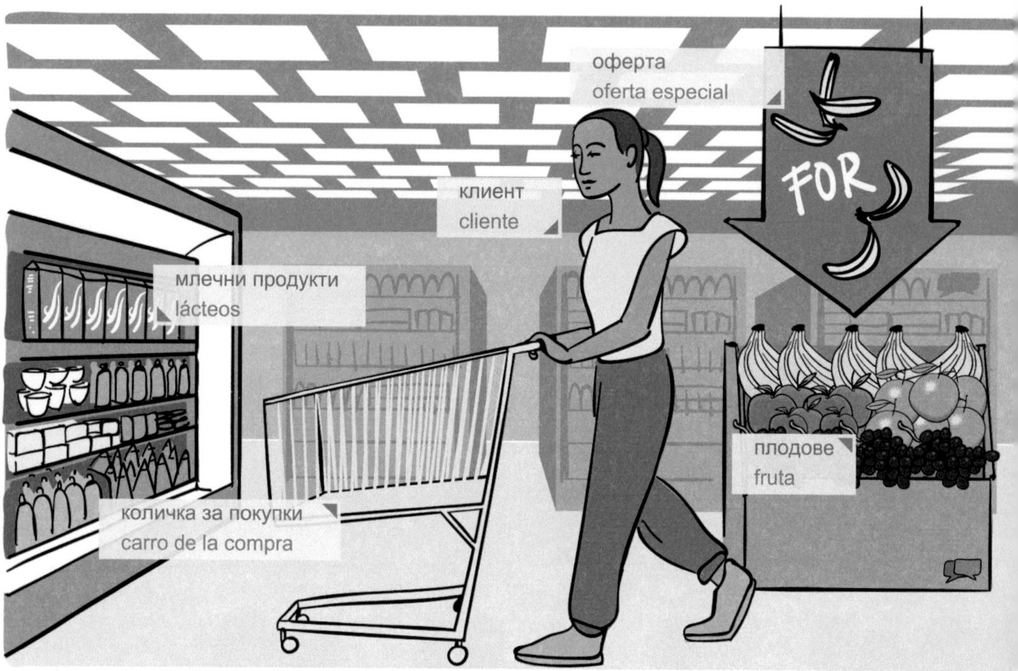

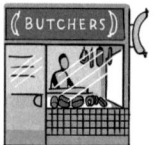

BUTCHERS
кланица

carnicería

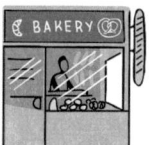

BAKERY
хлебарница

panadería

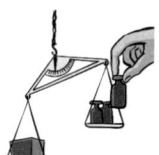

тегля

pesar

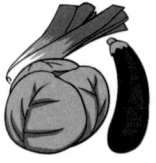

зеленчуци

verduras

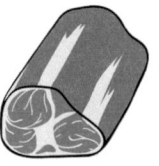

месо

carne

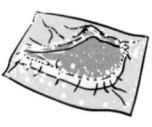

дълбоко замразена храна

alimentos congelados

нарязан колбас или
*сирене*
fiambres

консерви
conservas

перилен препарат
detergente en polvo

лакомства
dulces

домакински изделия
productos de uso doméstico

почистващи препарати
productos de limpieza

продавачка
vendedora

каса
caja

касиер
cajero

списък на покупките
lista de la compra

работно време
horario de atención al
público

портфейл
cartera

кредитна карта
tarjeta de crédito

чанта
bolsa

пластмасова торба
bolsa de plástico

супермаркет - supermercado

вода
.............
agua

сок
.............
zumo

мляко
.............
leche

кола
.............
cola

вино
.............
vino

бира
.............
cerveza

алкохол
.............
alcohol

какао
.............
cacao

чай
.............
té

кафе машина
.............
café

еспресо
.............
expreso

капучино
.............
capuchino

банан

plátano

ябълка

manzana

портокал

naranja

пъпеш

melón

лимон

limón

морков

zanahoria

чесън

ajo

бамбук

bambú

лук

cebolla

гъба

champiñón

ядки

avellanas

макарони

fideos

спагети

espagueti

ориз

arroz

салата

ensalada

пържени картофи

patatas fritas

печени картофи

patatas fritas

пица

pizza

хамбургер

hamburguesa

сандвич

sándwich

шницел

filete

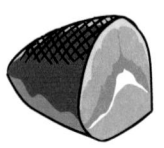

шунка

jamón

траен колбас

salami

салам

salchicha

пиле

pollo

печено

asado

риба

pescado

овесени ядки

copos de avena

мюсли

muesli

корнфлейкс

copos de maíz

брашно

harina

кроасан

cruasán

хлебчета

panecillo

хляб

pan

препечена филийка

tostada

бисквити

galletas

масло

mantequilla

извара

cuajada

сладкиш

pastel

яйце

huevo

яйца на очи

huevo frito

сирене

queso

сладолед

helado

захар

azúcar

мед

miel

мармалад

mermelada

нуга крем

crema de turrón

къри

curry

# селски двор

# granja

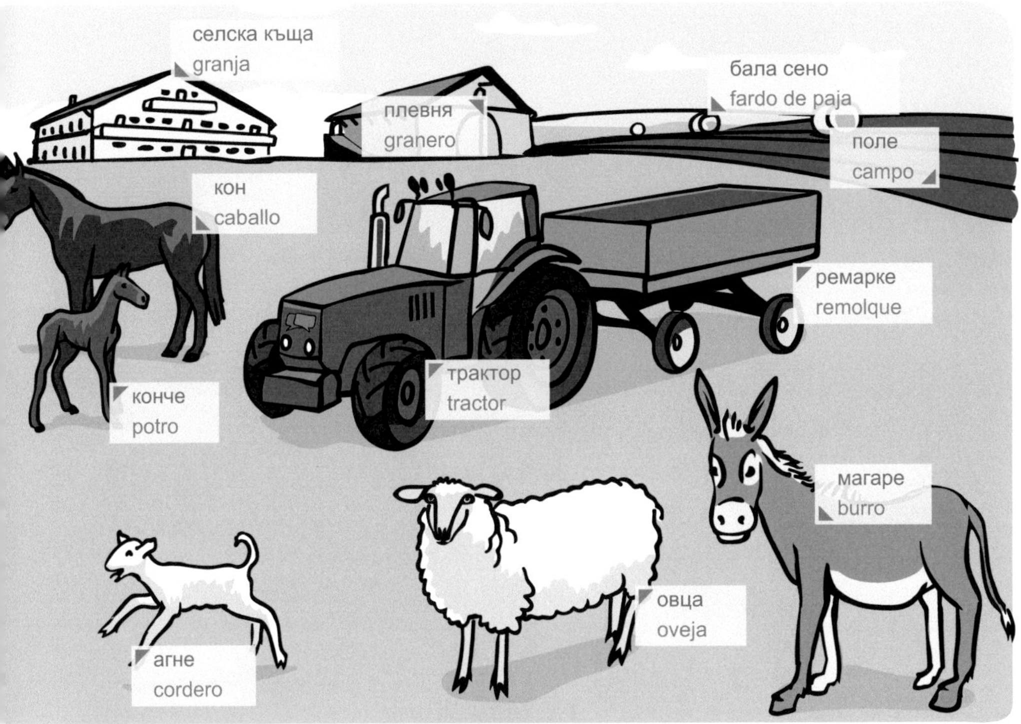
селска къща
granja
плевня
granero
бала сено
fardo de paja
поле
campo
кон
caballo
ремарке
remolque
конче
potro
трактор
tractor
магаре
burro
овца
oveja
агне
cordero

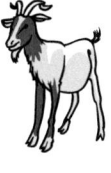

коза

cabra

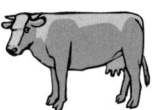

крава

vaca

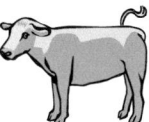

теле

ternero

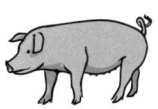

свиня

cerdo

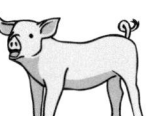

прасенце

cerdito

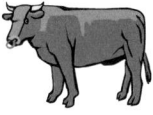

бик

toro

гъска

ganso

патица

pato

пиленце

pollo

кокошка

gallina

петел

gallo

плъх

rata

котка

gato

мишка

ratón

вол

buey

куче

perro

кучешка колиба

perrera

градински маркуч

manguera

лейка

regadera

коса

guadaña

плуг

arado

сърп

hoz

мотика

azada

вила за тор

horca

брадва

hacha

ръчна количка

carretilla

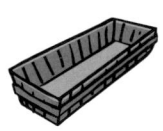

корито

abrevadero

съд за мляко

lechera

чувал

saco

ограда

valla

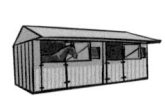

обор

establo

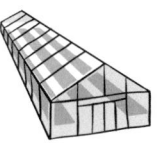

парник

invernadero

земя

suelo

сеитба

semilla

тор

fertilizador

комбайн

cosechadora

жъна

cosechar

реколта

cosecha

ямс

ñame

жито

trigo

соя

soja

картоф

patata

царевица

maíz

рапица

semilla de colza

овощно дърво

árbol frutal

маниока

mandioca

зърнени храни

cereales

# къща

# casa

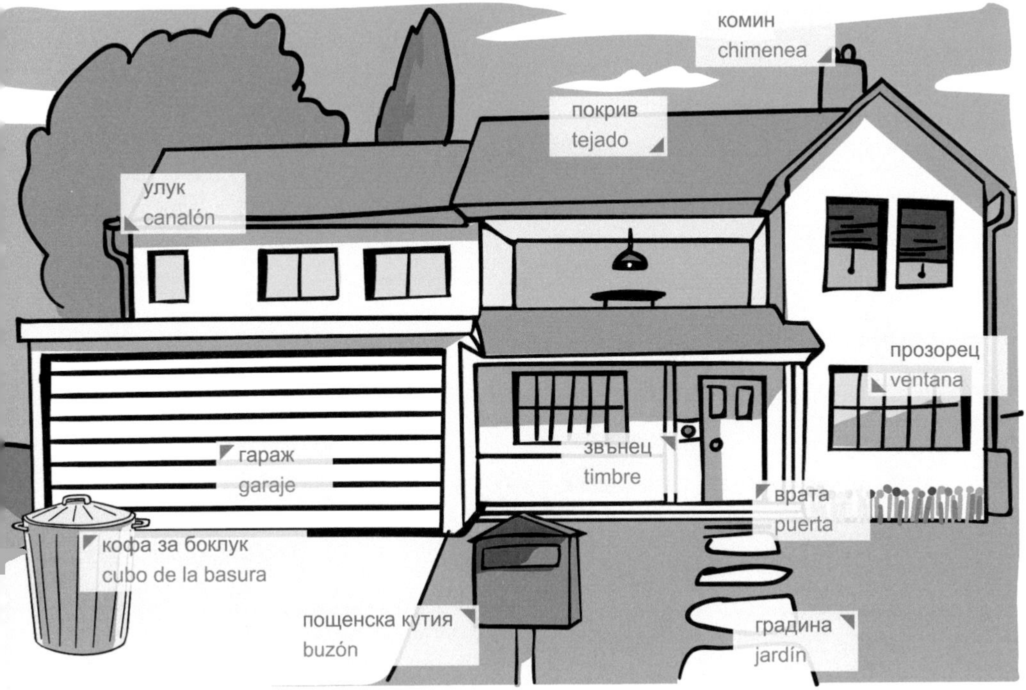
комин
chimenea
покрив
tejado
улук
canalón
прозорец
ventana
гараж
garaje
звънец
timbre
врата
puerta
кофа за боклук
cubo de la basura
пощенска кутия
buzón
градина
jardín

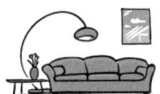

всекидневна

sala

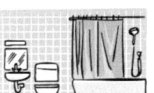

баня

cuarto de baño

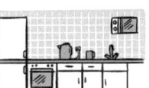

кухня

cocina

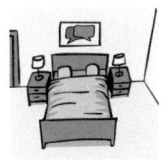

спалня

dormitorio

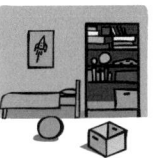

детска стая

habitación de los niños

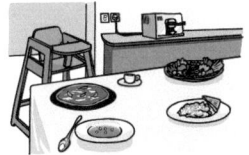

трапезария

comedor

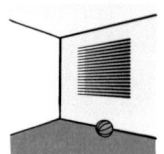

под

suelo

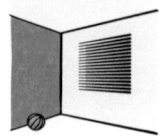

стена

pared

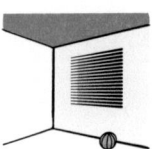

таван

techo

изба

sótano

сауна

sauna

балкон

balcón

тераса

terraza

плувен басейн

piscina

косачка

cortacésped

спално бельо

sábana

покривка за легло

colcha

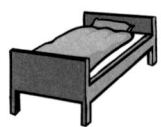

легло

cama

метла

escoba

кофа

balde

електрически ключ

interruptor

# всекидневна
## sala

тапет
papel pintado
картина
imagen
лампа
lámpara
рафт
estante
шкаф
armario
телевизор
televisión
камина
chimenea
цвете
flor
възглавница
cojín
канапе
sofá
ваза
jarrón
дистанционно управление
mando a distancia


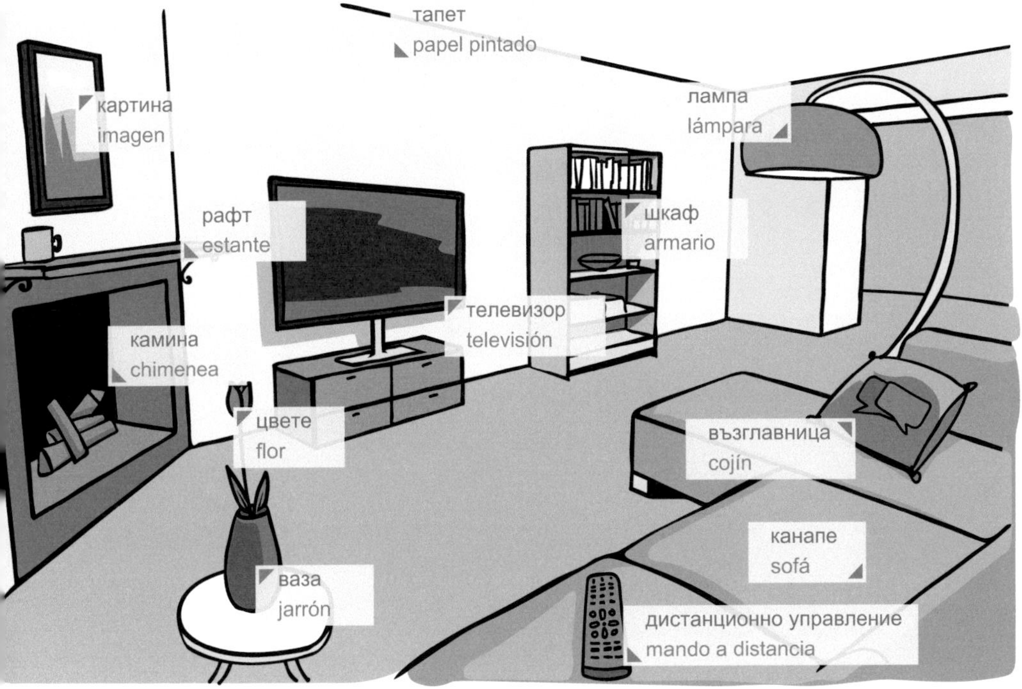

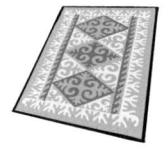

килим

alfombra

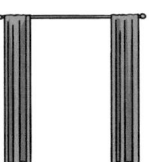

завеса

cortina

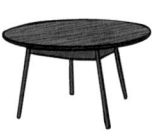

маса

mesa

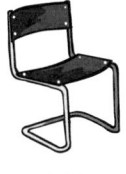

стол

silla

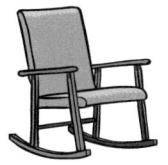

люлеещ се стол

mecedora

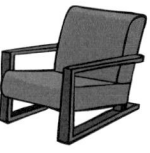

кресло

butaca

книга

libro

одеяло

manta

декорация

decoración

дърва за отопление

leña

филм

película

стерео уредба

equipo de música

ключ

llave

вестник

periódico

живопис

pintura

постер

póster

радио

radio

бележник

cuaderno

прахосмукачка

aspiradora

кактус

cactus

свещ

vela

# кухня
# cocina

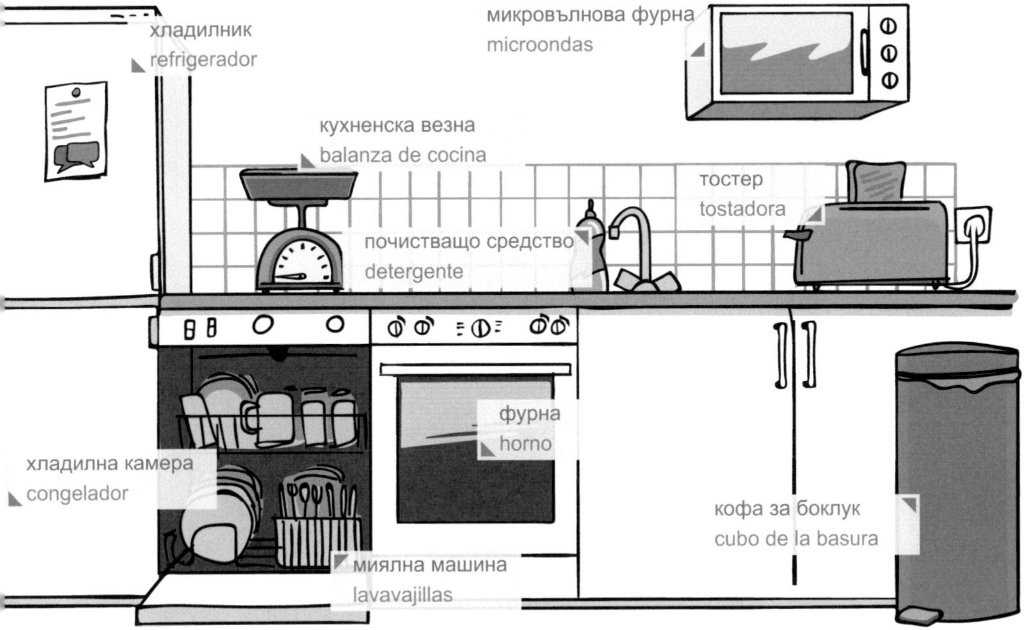

хладилник
refrigerador
микровълнова фурна
microondas
кухненска везна
balanza de cocina
тостер
tostadora
почистващо средство
detergente
фурна
horno
хладилна камера
congelador
кофа за боклук
cubo de la basura
миялна машина
lavavajillas


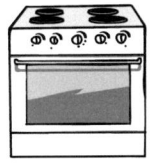

готварска печка

olla a presión

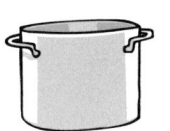

тенджера

olla

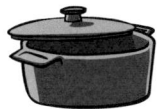

желязна тенджера

olla de hierro fundido

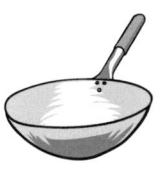

уок / кадаи

wok / karahi

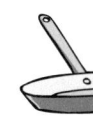

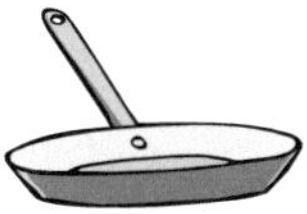

тиган

cazuela

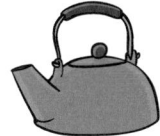

кана за затопляне на вода

hervidor

уред за готвене на пара

vaporera

тава за печене

chapa de horno

съдове

vajilla

чаша

taza

купа

tazón

клечки за хранене

palillos

черпак

cucharón

лопатка за тиган

espumadera

тел за разбиване (на яйца, белтъци)

batidor

кошница за варене

colador

гевгир

cedazo

ренде

rallador

хаван

mortero

барбекю

barbacoa

огнище

hoguera

дъска

tabla de picar

точилка

rodillo

тирбушон

sacacorchos

кутия

lata

отварачка за консерви

abrelatas

кухненска ръкохватка

agarrador

мивка

lavabo

четка

cepillo

гъба

esponja

миксер

batidora

фризер

congelador

бебешко шише

biberón

воден кран

grifo

# баня
# cuarto de baño

душ
ducha

отопление
calefacción

хавлиена кърпа
toalla

завеса за баня
cortina de la ducha

шампоан за вана
baño de espuma

вана
bañera

стъклена чаша
vaso

перална машина
lavadora

плочки
baldosas

воден кран
grifo

гърне
orinal

мивка
lavabo

тоалетна
........................
inodoro

клекало
........................
inodoro rústico

биде
........................
bidé

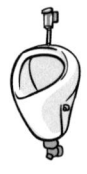

писоар
........................
urinario

тоалетна хартия
........................
papel higiénico

четка за тоалетна
........................
escobilla del váter

**четка за зъби**

cepillo de dientes

**паста за зъби**

pasta de dientes

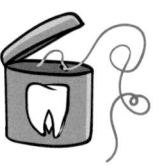

**конец за зъби**

hilo dental

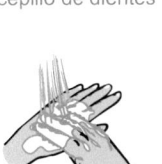

**мия**

lavar

**ръчен душ**

ducha de mano

**интимен душ**

ducha íntima

**леген**

pila

**четка за гръб**

cepillo de espalda

**сапун**

jabón

**душ гел**

gel de ducha

**шампоан за вана**

champú

**гъба за баня**

toallita

**сифон**

desagüe

**крем**

crema

**дезодорант**

desodorante

огледало

espejo

козметично огледало

espejo de tocador

ръчна самобръсначка

maquinilla de afeitar

пяна за бръснене

espuma de afeitar

одеколон за след
бръснене
loción postafeitado

гребен

peine

четка

cepillo

сешоар

secador

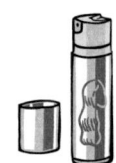

спрей за коса

laca

грим

maquillaje

червило

pintalabios

лак за нокти

pintauñas

памук

algodón

ножица за нокти

cortauñas

парфюм

perfume

тоалетна чантичка

estuche de viaje

табуретка

banqueta

везна

balanza

хавлия

albornoz

домакински ръкавици

guantes de goma

тампон

tampón

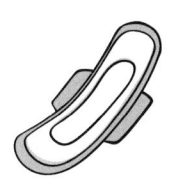

дамски превръзки

compresa

химическа тоалетна

inodoro químico

# детска стая
# habitación de los niños

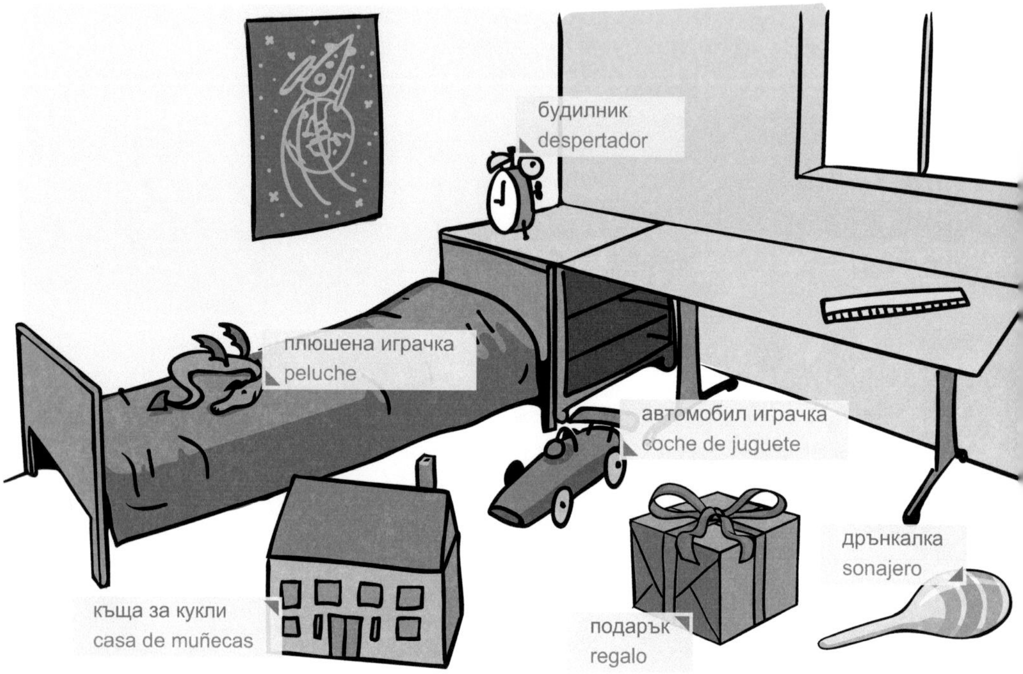
будилник
despertador
плюшена играчка
peluche
автомобил играчка
coche de juguete
дрънкалка
sonajero
къща за кукли
casa de muñecas
подарък
regalo

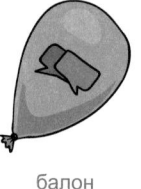

балон

globo

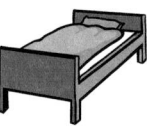

легло

cama

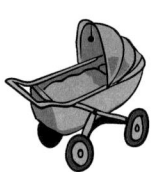

детска количка

coche de niño

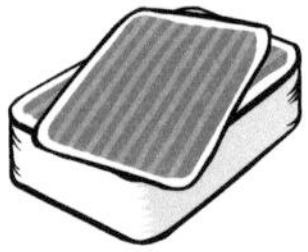

игра на карти

naipes

пъзел

puzle

SUPER
MEGA

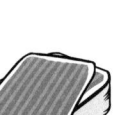

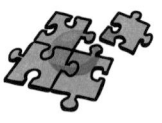

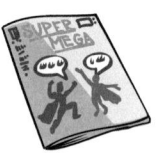

комикс

tebeo

лего елементи

piezas de lego

строителни елементи

bloques de juguete

екшън фигурка

figura de acción

бебешки гащеризон

bodi (de bebé)

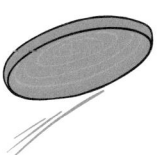

фрисби

frisbee

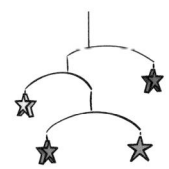

бебешки играчки за легло

colgador móvil para bebés

настолна игра

juego de mesa

зарче

dados

миниатюрно влакче

circuito de tren eléctrico

биберон

maniquí

парти

fiesta

детска книга с илюстрации

álbum de fotos

топка

pelota

кукла

muñeca

играя

jugar

пясъчник

cajón de arena

люлка

columpio

играчка

juguetes

игрова конзола

videoconsola

велосипед с три колелета

triciclo

плюшено мече

oso de peluche

гардероб

guardarropa

## облекло

## ropa

къси чорапи

calcetines

дълги чорапи

medias

чорапогащник

leotardos

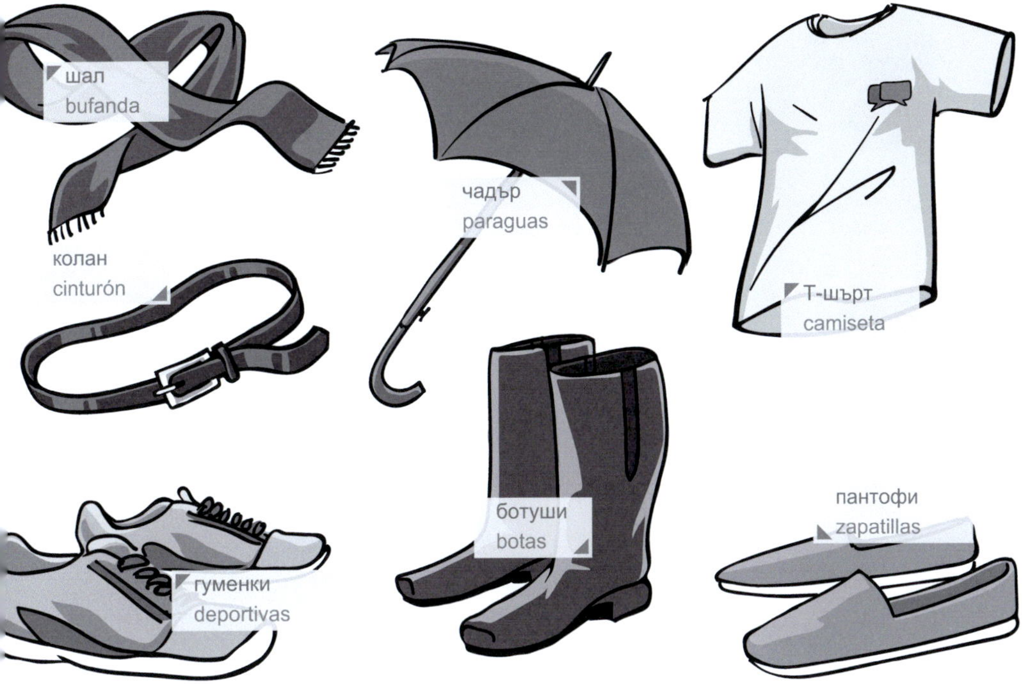

шал
bufanda

чадър
paraguas

Т-шърт
camiseta

колан
cinturón

ботуши
botas

пантофи
zapatillas

гуменки
deportivas

сандали
...............
sandalias

обувки
...............
zapatos

гумени ботуши
...............
botas de goma

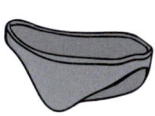

слип
...............
slip

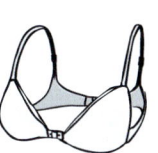

сутиен
...............
sostén

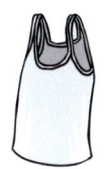

долна блуза
...............
chaleco

боди

bodi

панталон

pantalones

дънки

vaqueros

пола

falda

блуза

blusa

риза

camisa

пуловер

jersey

суичър

suéter

блейзър

blazer

яке

chaqueta

палто

abrigo

дъждобран

gabardina

костюм

traje

рокля

vestido

булчинска рокля

vestido de novia

костюм

traje

нощница

camisón

пижама

pijama

сари

sari

кърпа за глава

bandana

тюрбан

turbante

бурка

burka

кафтан

caftán

абая

abaya

바нски костюм

traje de baño

плувни шорти

bañador

къс панталон

pantalones cortos

анцуг

chándal

престилка

delantal

ръкавици

guantes

копче

botón

очила

gafas

гривна

brazalete

верижка

collar

пръстен

anillo

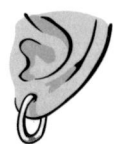

обеца

pendiente

каскет

gorra

закачалка

percha

шапка

sombrero

вратовръзка

corbata

цип

cremallera

каска

casco

тиранти

tirantes

ученическа униформа

uniforme escolar

униформа

uniforme

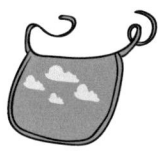

лигавник

babero

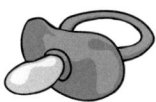

биберон

maniquí

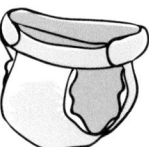

пелена

pañal

# офис

## oficina

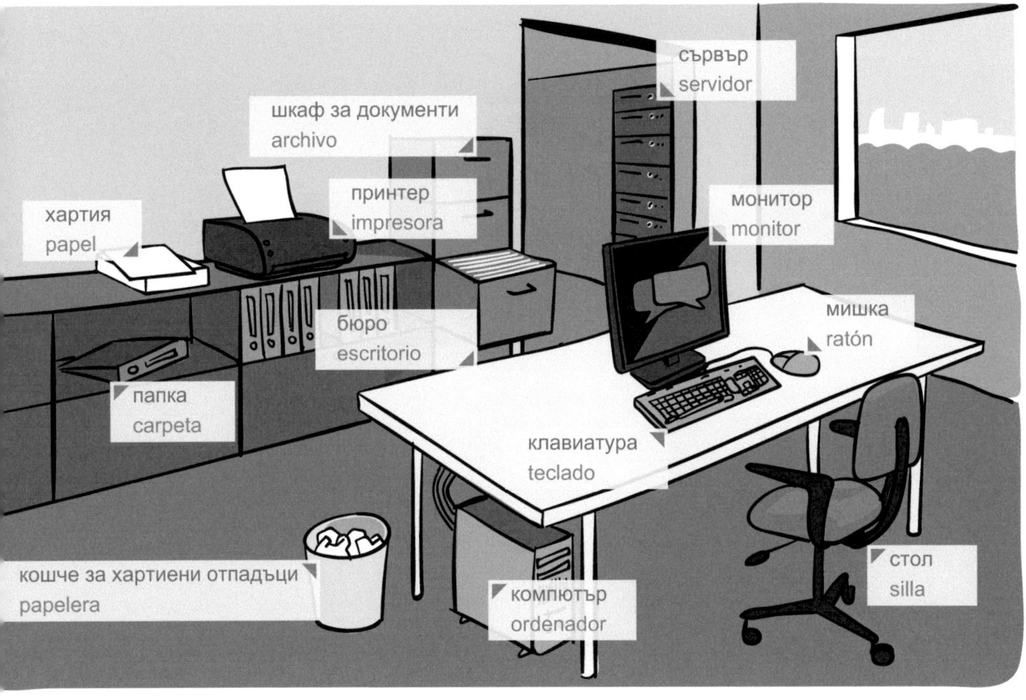

сървър
servidor
шкаф за документи
archivo
хартия
papel
принтер
impresora
монитор
monitor
бюро
escritorio
мишка
ratón
папка
carpeta
клавиатура
teclado
кошче за хартиени отпадъци
papelera
компютър
ordenador
стол
silla


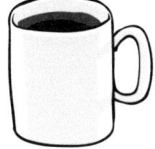

чаша за кафе

taza de café

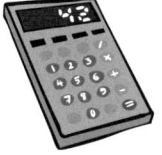

джобен калкулатор

calculadora

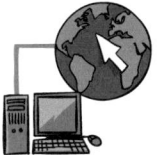

интернет

internet

лаптоп

portátil

писмо

carta

съобщение

mensaje

мобилен телефон

móvil

мрежа

red

ксерокс

fotocopiadora

софтуер

software

телефон

teléfono

контакт

toma de corriente

факс

fax

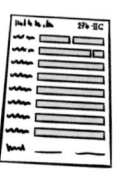

формуляр

formulario

документ

documento

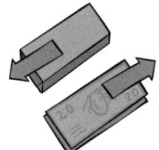

купувам

comprar

плащам

pagar

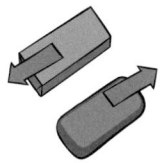

търгувам

comerciar

пари

dinero

 USD

долар

dólar

 EUR

евро

euro

 JPY

йена

yen

 RUB

рубла

rublo

 CHF

швейцарски франк

franco suizo

 CNY

ренминби юан

renminbi yuan

 INR

рупия

rupia

банкомат

cajero automático

обменно бюро

oficina de cambio de divisas

злато

oro

сребро

plata

нефт

petróleo

енергия

energía

цена

precio

договор

contrato

данък

impuesto

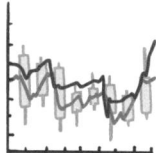

акция

acción

работя

trabajar

служител

empleado

работодател

empleador

фабрика

fábrica

магазин за цветя

tienda

# професии
# oficios

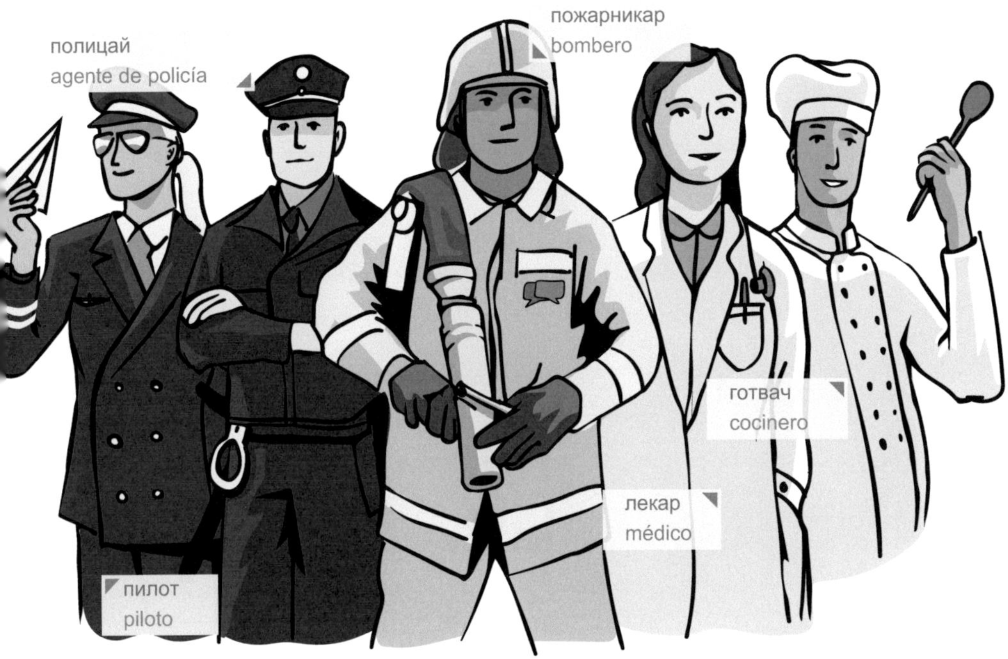

полицай
agente de policía
пожарникар
bombero
готвач
cocinero
лекар
médico
пилот
piloto


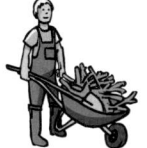

градинар

jardinero

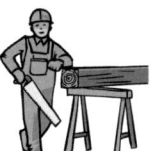

мебелист

carpintero

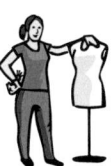

шивачка

costurera

съдия

juez

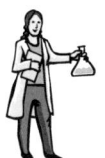

химик

farmacéutico

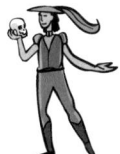

артист

actor

**шофьор на автобус**

conductor de autobús

**шофьор на такси**

taxista

**рибар**

pescador

**чистачка**

señora de la limpieza

**майстор на покриви**

techador

**келнер**

camarero

**ловец**

cazador

**художник**

pintor

**хлебар**

panadero

**електротехник**

electricista

**строителен работник**

obrero

**инженер**

ingeniero

**касапин**

carnicero

**тенекеджия**

fontanero

**пощальон**

cartero

войник

soldado

архитект

arquitecto

касиер

cajero

цветар

florista

фризьор

peluquero

кондуктор

revisor

механик

mecánico

капитан

capitán

зъболекар

dentista

научен работник

científico

равин

rabino

имàм

imán

монах

monje

свещеник

sacerdote

# инструменти
# herramientas

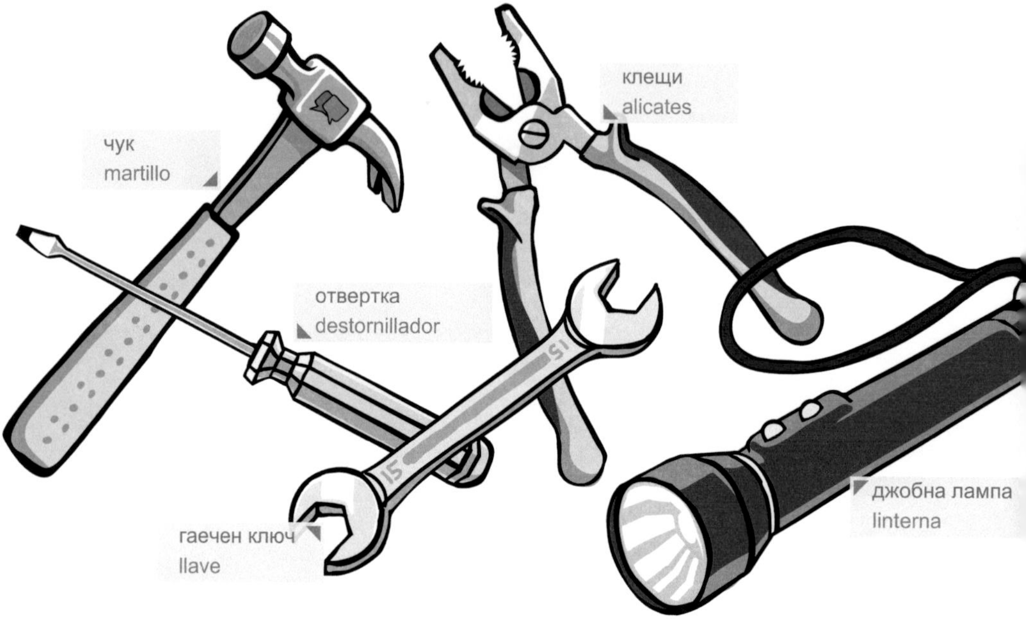

чук
martillo
клещи
alicates
отвертка
destornillador
гаечен ключ
llave
джобна лампа
linterna


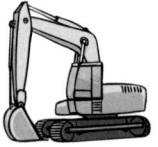

багер

excavadora

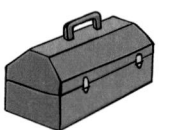

кутия за инструменти

caja de herramientas

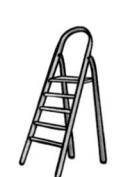

стълба

escalera de mano

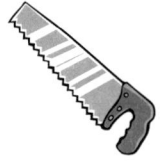

трион

sierra

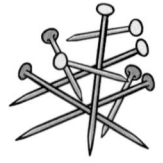

пирони

clavos

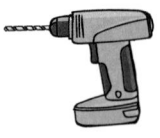

бормашина

taladro

ремонтирам

reparar

лопата

pala

По дяволите!

¡Maldita sea!

лопатка за смет

recogedor

кутия за боя

bote de pintura

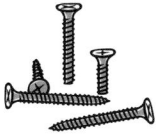

болтове

tornillos

## музикални инструменти
## instrumentos musicales

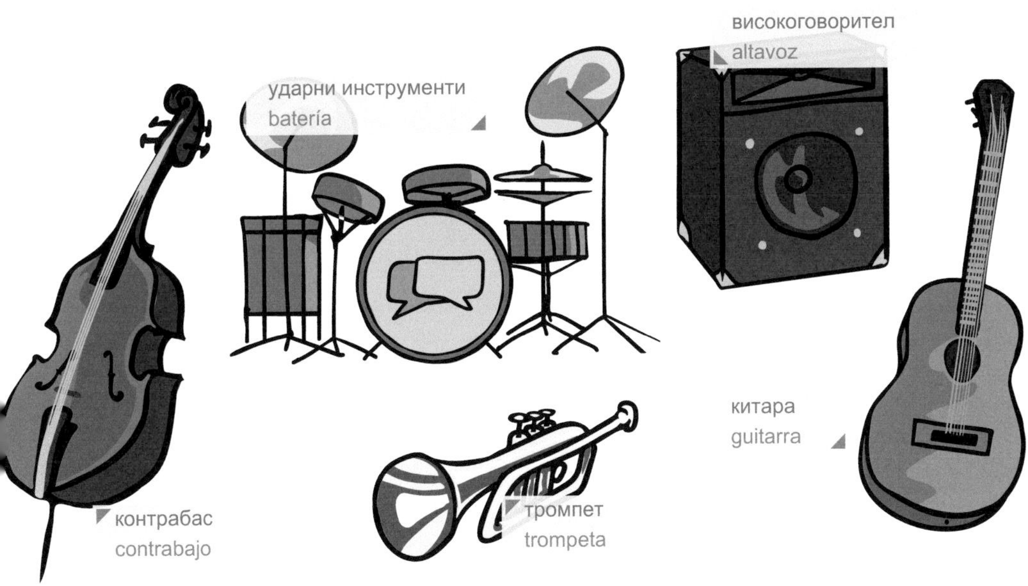

високоговорител

altavoz

ударни инструменти

batería

китара

guitarra

контрабас

contrabajo

тромпет

trompeta

пиано

piano

виолина

violín

контрабас

bajo

тимпан

timbales

барабан

tambor

електрическо пиано

teclado

саксофон

saxofón

флейта

flauta

микрофон

micrófono

# зоологическа градина

## zoo

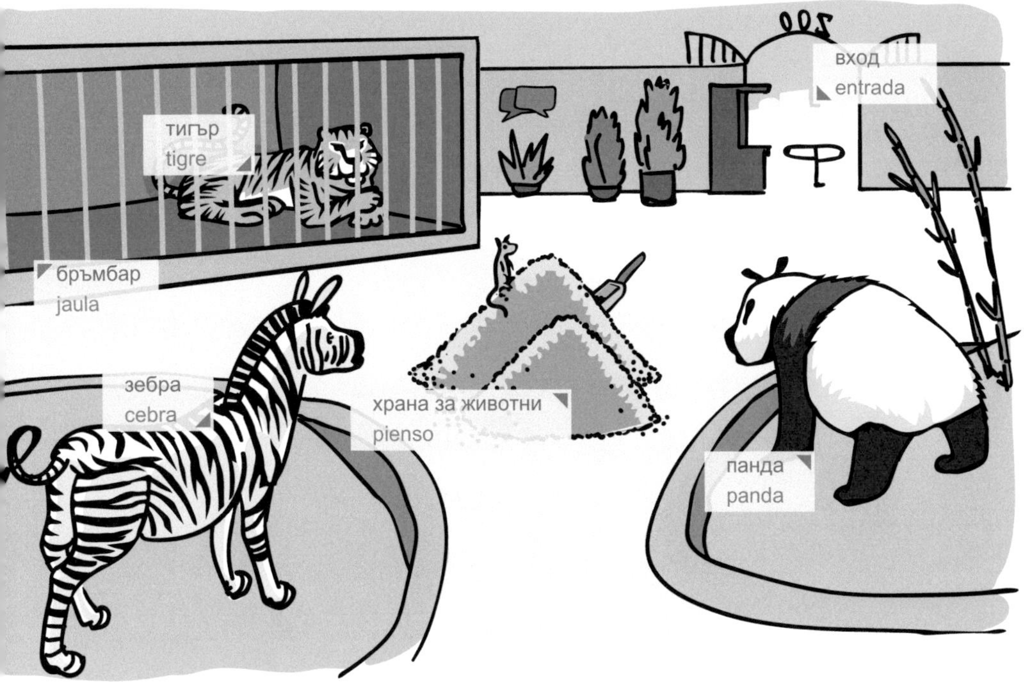
тигър
tigre
вход
entrada
бръмбар
jaula
зебра
cebra
храна за животни
pienso
панда
panda

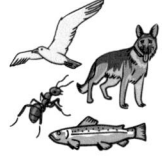

животни

animales

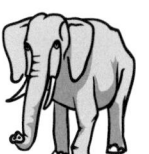

слон

elefante

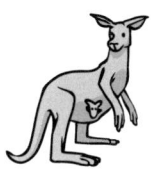

кенгуру

canguro

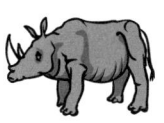

носорог

rinoceronte

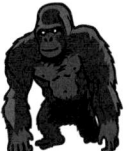

горила

gorila

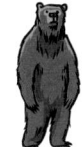

мечка

oso

камила

camello

щраус

avestruz

лъв

león

маймуна

mono

фламинго

flamingo

папагал

loro

бяла мечка

oso polar

пингвин

pingüino

акула

tiburón

паун

pavo real

змия

serpiente

крокодил

cocodrilo

пазач в зоологическа
градина

guardián de zoológico

тюлен

foca

ягуар

jaguar

пони

poni

леопард

leopardo

хипопотам

hipopótamo

жираф

jirafa

орел

águila

диво прасе

jabalí

риба

pescado

костенурка

tortuga

морж

morsa

лисица

zorro

газела

gacela

американски футбол
fútbol americano

колоездене
ciclismo

тенис
tenis

баскетбол
baloncesto

плуване
natación

бокс
boxeo

хокей на лед
hockey sobre hielo

футбол
fútbol

бадминтон
bádminton

лека атлетика
atletismo

хандбал
balonmano

ски бягане
esquí

поло
polo

# дейности
# actividades

смея се
reír
скачам
saltar
прегръщам
abrazar
вървя
caminar
пея
cantar
сънувам
soñar
моля се
rezar
целувам
besar

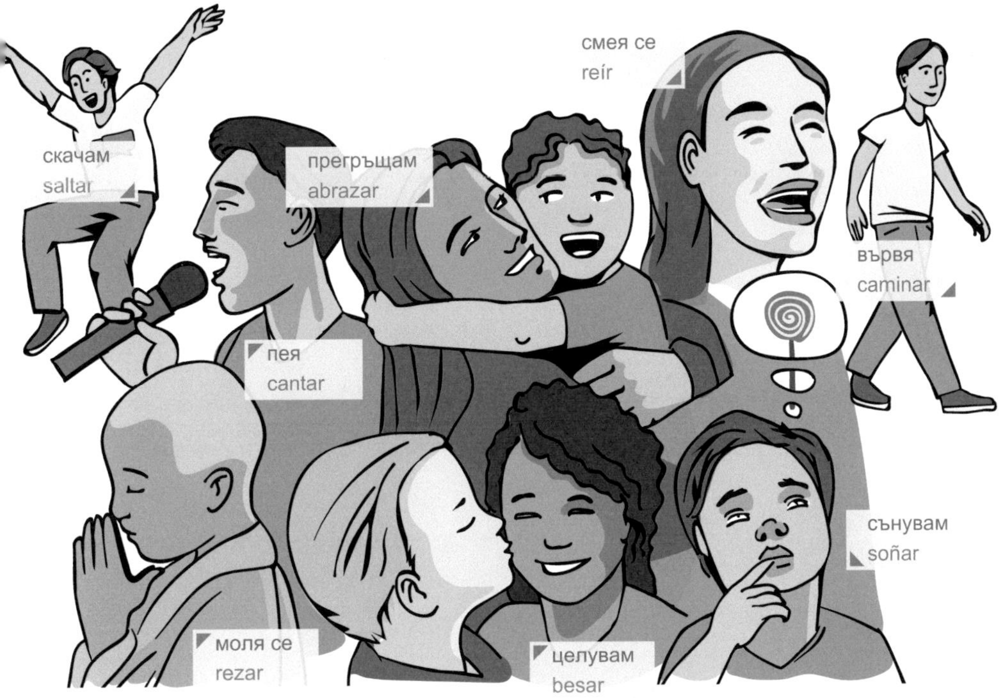

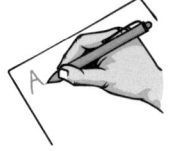

пиша
escribir

рисувам
dibujar

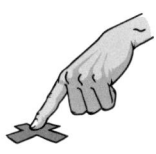

показвам
mostrar

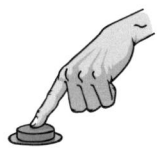

бутам
empujar

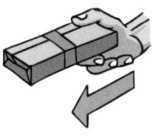

давам
dar

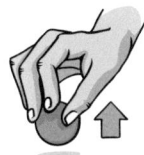

взимам
tomar

имам

tener

правя

hacer

съм

ser

стоя

estar de pie

тичам

correr

дърпам

tirar

хвърлям

tirar

падам

caer

лежа

yacer

чакам

esperar

нося

llevar

седя

estar sentado

обличам

vestirse

спя

dormir

събуждам се

despertar

разглеждам

mirar

плача

llorar

милвам

acariciar

реша се

peinar

говоря

hablar

разбирам

entender

питам

preguntar

слушам

escuchar

пия

beber

ям

comer

разтребвам

ordenar

обичам

amar

готвя

cocinar

карам автомобил

conducir

летя

volar

плавам (с платна)

navegar

смятане

calcular

чета

leer

уча

aprender

работя

trabajar

женя се

casarse

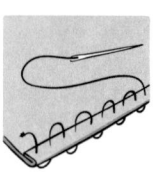

шия

coser

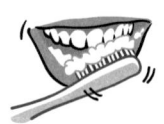

измивам си зъбите

cepillarse los dientes

убивам

matar

пуша

fumar

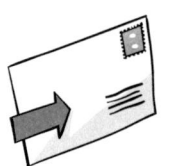

изпращам

enviar

баба
abuela

дядо
abuelo

баща
padre

майка
madre

бебе
bebé

дъщеря
hija

син
hijo

посетител

invitado

леля

tía

чичо

tío

брат

hermano

сестра

hermana

# тяло

# cuerpo

чело
frente
око
ojo
рамо
hombro
пръст
dedo
лице
cara
брадичка
barbilla
ръка
mano
гърди
pecho
крак
pierna
ръка
brazo


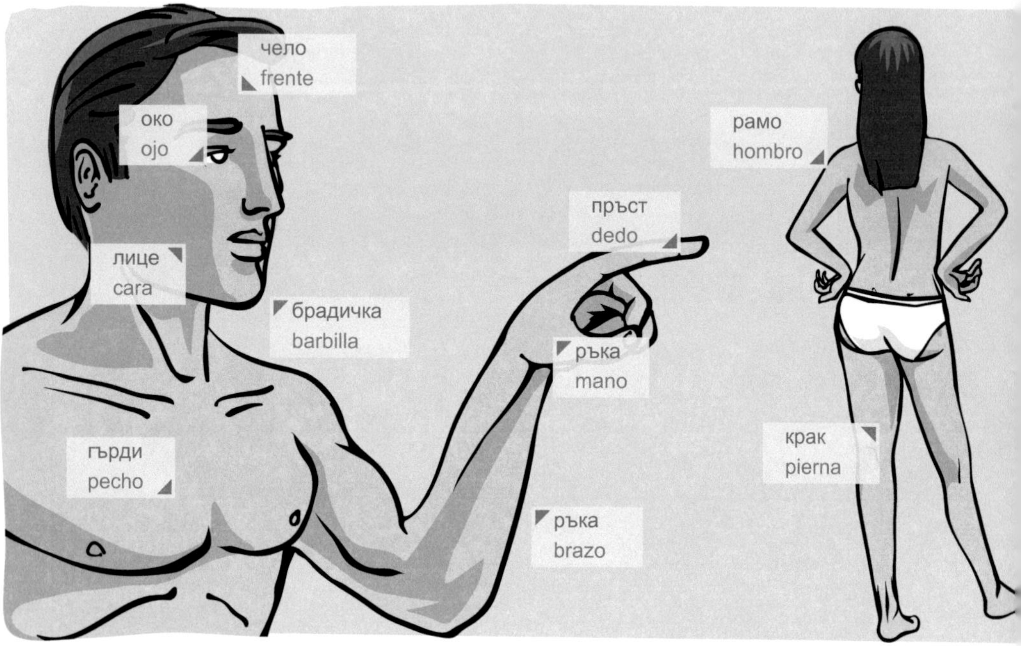

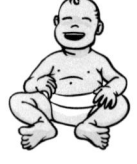

бебе

bebé

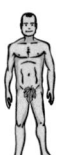

мъж

hombre

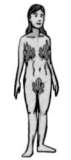

жена

mujer

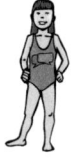

момиче

chica

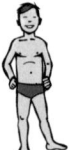

момче

chico

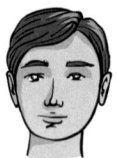

глава

cabeza

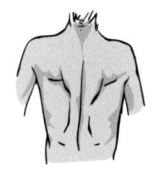

гръб

espalda

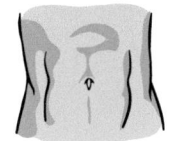

корем

vientre

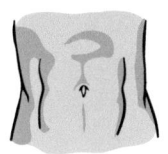

пъп

ombligo

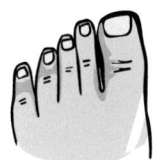

пръст на крака

dedo del pie

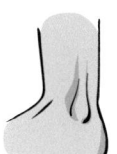

пета

talón

кост

hueso

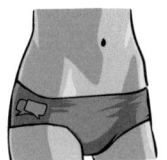

хълбок

cadera

коляно

rodilla

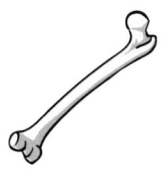

лакът

codo

нос

nariz

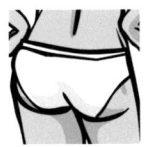

седалище

trasero

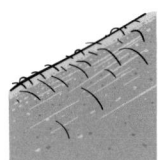

кожа

piel

буза

mejilla

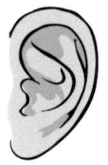

ухо

oído

устна

labio

тяло - cuerpo

уста

boca

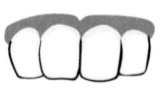

зъб

diente

език

lengua

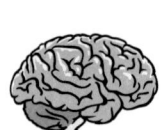

мозък

cerebro

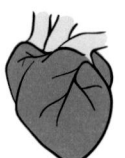

сърце

corazón

мускул

músculo

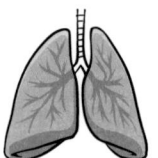

бял дроб

pulmón

черен дроб

hígado

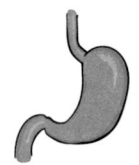

стомах

estómago

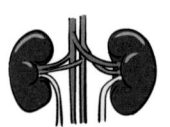

бъбреци

riñones

полово сношение

sexo

кондом

condón

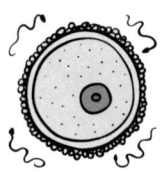

яйцеклетка

ovario

сперма

semen

бременност

embarazo

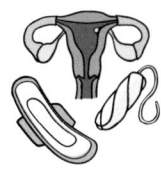

менструация

menstruación

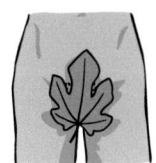

вагина

vagina

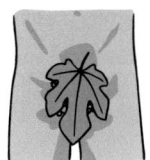

пенис

pene

вежда

ceja

коса

pelo

шия

cuello

# болница
## hospital

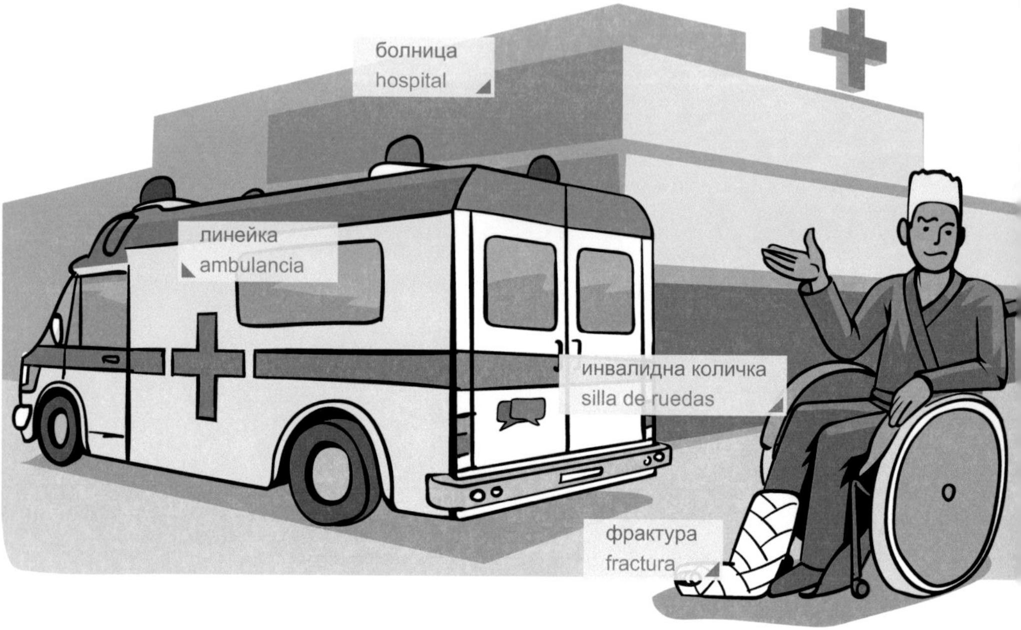

болница
hospital
линейка
ambulancia
инвалидна количка
silla de ruedas
фрактура
fractura


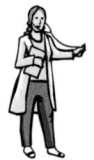

лекар

médico

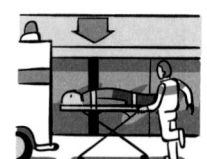

спешна хоспитализация

sala de urgencias

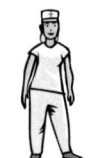

медицинска сестра

enfermera

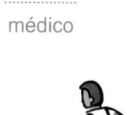

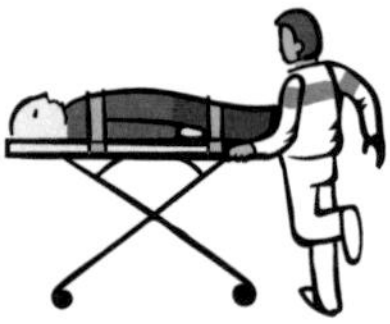

спешен случай

urgencia

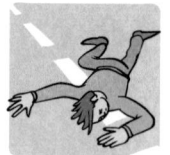

в безсъзнание

inconsciente

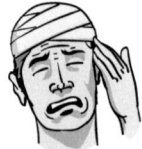

болка

dolor

нараняване

lesión

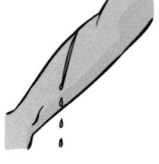

кървене

hemorragia

инфаркт

infarto

инсулт

ictus

алергия

alergia

кашлица

tos

температура

fiebre

грип

gripe

диария

diarrea

главоболие

dolor de cabeza

рак

cáncer

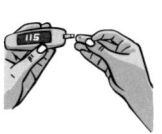

диабет

diabetes

хирург

cirujano

скалпел

bisturí

операция

operación

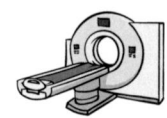

компютърна томография

TAC

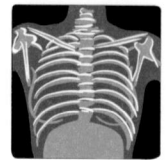

рентген

rayos x

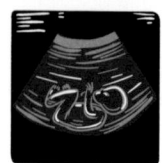

ултразвук

ultrasonido

маска

mascarilla

болест

enfermedad

чакалня

sala de espera

патерица

muleta

пластир

tirita

превръзка

venda

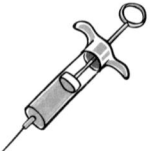

инжекция

inyección

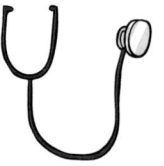

стетоскоп

estetoscopio

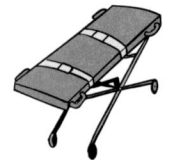

носилка

camilla

термометър

termómetro

раждане

nacimiento

наднормено тегло

sobrepeso

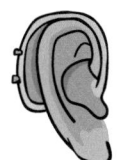

слухов апарат

audífono

дезинфекционно средство

desinfectante

инфекция

infección

вирус

virus

HIV / AIDS

VIH / SIDA

медицина

medicina

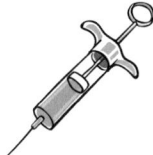

ваксинация

vacunación

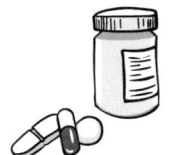

таблети

tabletas

противозачатъчна
таблетка
pastilla

спешно телефонно
обаждане
llamada de urgencia

апарат за измерване на
кръвното налягане

tensiómetro

болен / здрав

enfermo / sano

Помощ!

¡Socorro!

сигнал за тревога

alarma

нападение

asalto

атака

ataque

опасност

peligro

авариен изход

salida de emergencia

Пожар!

¡Fuego!

пожарогасител

extintor de incendios

злополука

accidente

комплект за оказване на
първа помощ

botiquín de primeros
auxilios

SOS

SOS

полиция

policía

Европа

Europa

Северна Америка

Norteamérica

Южна Америка

Sudamérica

Африка

África

Азия

Asia

Австралия

Australia

Атлантически океан

Atlántico

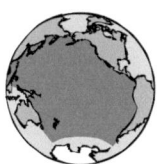

Тихи океан

Pacífico

Индийски океан

Océano Índico

Южен ледовит океан

Océano Antártico

Северен ледовит океан

Océano Ártico

Северен полюс

polo norte

Южен полюс

polo sur

Антарктида

Antártida

Земя

tierra

суша

tierra

море

mar

остров

isla

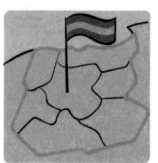

нация

nación

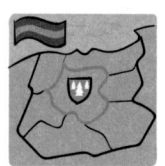

държава

estado

циферблат

esfera

стрелка на часовете

manecilla de las horas

стрелка на минутите

minutero

стрелка на секундите

segundero

Колко е часът?

¿Qué hora es?

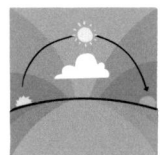

ден

día

време

tiempo

сега

ahora

дигитален часовник

reloj digital

минута

minuto

час

hora

# седмица

## semana

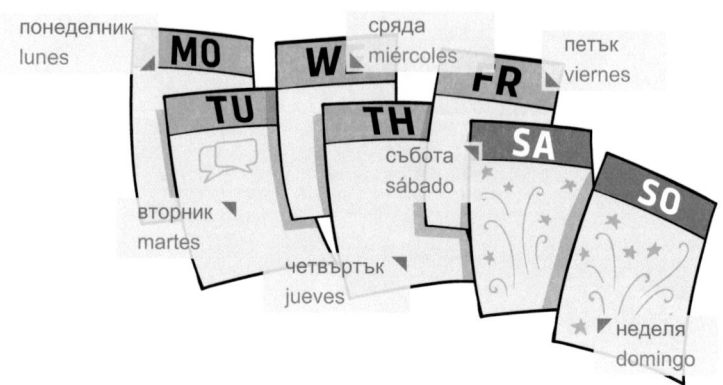

понеделник
lunes

сряда
miércoles

петък
viernes

вторник
martes

събота
sábado

четвъртък
jueves

неделя
domingo

вчера

ayer

днес

hoy

утре

mañana

сутрин

mañana

обед

mediodía

вечер

tarde

| MO | TU | WE | TH | FR | SA | SU |
|----|----|----|----|----|----|----|
| 1 | 2 | 3 | 4 | 5 | 6 | 7 |
| 8 | 9 | 10 | 11 | 12 | 13 | 14 |
| 15 | 16 | 17 | 18 | 19 | 20 | 21 |
| 22 | 23 | 24 | 25 | 26 | 27 | 28 |
| 29 | 30 | 31 | 1 | 2 | 3 | 4 |

работни дни

días laborables

| MO | TU | WE | TH | FR | SA | SU |
|----|----|----|----|----|----|----|
| 1 | 2 | 3 | 4 | 5 | 6 | 7 |
| 8 | 9 | 10 | 11 | 12 | 13 | 14 |
| 15 | 16 | 17 | 18 | 19 | 20 | 21 |
| 22 | 23 | 24 | 25 | 26 | 27 | 28 |
| 29 | 30 | 31 | 1 | 2 | 3 | 4 |

уикенд

fin de semana

дъжд
lluvia

дъга
arcoíris

вятър
viento

сняг
nieve

пролет
primavera

есен
otoño

лято
verano

зима
invierno

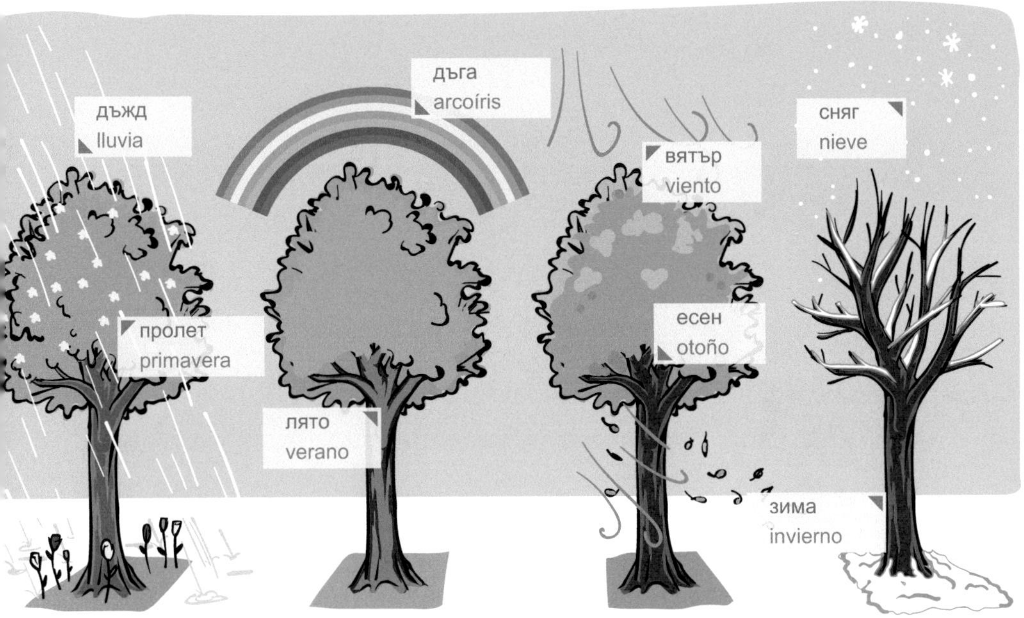

прогноза за времето

pronóstico del tiempo

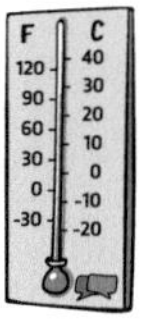

термометър

termómetro

слънчева светлина

sol

облак

nube

мъгла

niebla

влажност на въздуха

humedad

светкавица

rayo

гръмотевица

trueno

буря

tormenta

градушка

granizo

мусон

monzón

наводнение

inundación

лед

hielo

януари

enero

февруари

febrero

март

marzo

април

abril

май

mayo

юни

junio

юли

julio

август

agosto

година - año

септември
.................
septiembre

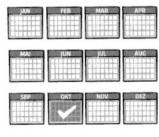

октомври
.................
octubre

ноември
.................
noviembre

декември
.................
diciembre

## форми
## formas

кръг
.................
círculo

квадрат
.................
cuadrado

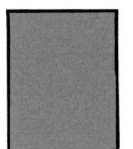

четириъгълник
.................
rectángulo

триъгълник
.................
triángulo

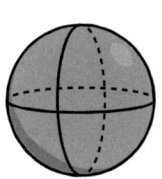

сфера
.................
esfera

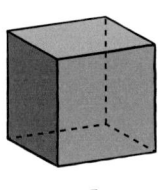

куб
.................
cubo

бял

blanco

жълт

amarillo

оранжев

anaranjado

розов

rosa

червен

rojo

лилав

morado

син

azul

зелен

verde

кафяв

marrón

сив

gris

черен

negro

много / малко

mucho / poco

ядосан / спокоен

enojado / tranquilo

красив / грозен

bonito / feo

начало / край

principio / fin

голям / малък

grande / pequeño

светъл / тъмен

claro / oscuro

брат / сестра

hermano / hermana

чист / мръсен

limpio / sucio

пълен / непълен

completo / incompleto

ден / нощ

día / noche

мъртъв / жив

muerto / vivo

широк / тесен

ancho / estrecho

ядлив / неядлив

comestible / no comestible

сърдит / любезен

malo / amable

развълнуван / скучаещ

entusiasmado / aburrido

дебел / тънък

gordo / delgado

най-напред / най-накрая

primero / último

приятел / враг

amigo / enemigo

пълен / празен

lleno / vacío

твърд / мек

duro / blando

тежък / лек

pesado / ligero

глад / жажда

hambre / sed

болен / здрав

enfermo / sano

нелегален / легален

ilegal / legal

интелигентен / глупав

inteligente / tonto

ляво / дясно

izquierda / derecha

близо / далече

cerca / lejos

нов / употребяван

nuevo / usado

нищо / нещо

nada / algo

стар / млад

viejo / joven

вкл. / изкл.

encendido / apagado

отворен / затворен

abierto / cerrado

тих / силен (звук)

silencioso / ruidoso

богат / беден

rico / pobre

правилен / погрешен

correcto / incorrecto

грапав / гладък

áspero / suave

тъжен / щастлив

triste / contento

дълъг / къс

corto / largo

бавен / бърз

lento / rápido

мокър / сух

húmedo / seco

топъл / студен

cálido / frío

война / мир

guerra / paz

противоположности - opuestos

**0**

нула

cero

**1**

едно

uno

**2**

две

dos

**3**

три

tres

**4**

четири

cuatro

**5**

пет

cinco

**6**

шест

seis

**7**

седем

siete

**8**

осем

ocho

**9**

девет

nueve

**10**

десет

diez

**11**

единадесет

once

**12**

дванадесет

doce

**13**

тринадесет

trece

**14**

четиринадесет

catorce

**15**

петнадесет

quince

**16**

шестнадесет

dieciséis

**17**

седемнадесет

diecisiete

**18**

осемнадесет

dieciocho

**19**

деветнадесет

diecinueve

**20**

двадесет

veinte

**100**

сто

cien

**1.000**

хиляда

mil

**1.000.000**

милион

millón

числа - números

английски
................
inglés

американски английски
................
inglés americano

китайски мандарин
................
chino mandarín

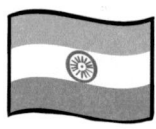

хинди
................
hindi

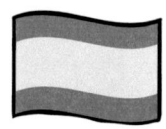

испански
................
español

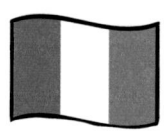

френски
................
francés

арабски
................
árabe

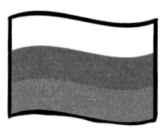

руски
................
ruso

португалски
................
portugués

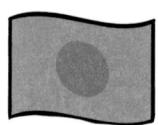

бенгалски
................
bengalí

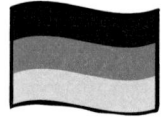

немски
................
alemán

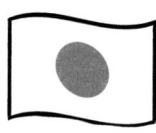

японски
................
japonés

аз

yo

ти

tú

той / тя / то

él / ella / ello

ние

nosotros/as

вие

vosotros/as

те

ellos/as

кой?

¿quién?

какво?

¿qué?

как?

¿cómo?

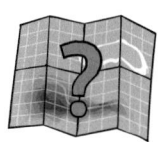

къде?

¿dónde?

кога?

¿cuándo?

име

nombre

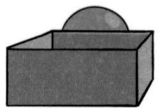

зад

detrás

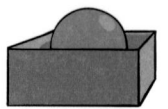

в

en

пред

delante de

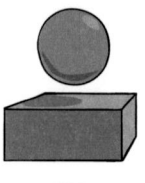

над

por encima de

върху

sobre

под

debajo de

до

junto a

между

entre

място

lugar